AF355544

सफल सकल अभियान

(प्रासंगिक दोहे)

प्रणेता

विश्वकीर्तिमानक

डॉ. ओम् जोशी

दिल्ली-110089, (भारत)

प्रथम संस्करण : 2022
ISBN : 978-93-90889-01-3

मूल्य : 100/-

अक्षरांकनः डॉ. वन्दना जोशी
सफल सकल अभियान : प्रासंगिक दोहे

प्रणेता
विश्वकीर्तिमानक
डॉ. ओमू जोशी

Safal Sakal Abhiyan (Prasangik Dohe)
By : World Record Holder
Dr. Om Joshi

Published by
PRAKHAR GOONJ PUBLICATION
Delhi - 110089
E-mail : prakhargoonj@gmail.com
        sinha.neelu123@gmail.com
011-42635077, 7982710571, 7838505899
web : prakhargoonjpublications.com

सादर समर्पण ....

हिन्दी भाषा/साहित्य के मर्मज्ञ,

आदर्श हिन्दी व्याख्याता

परमादरणीय श्रीयुत भँवरलालजी गुप्ता को..

जिन्होंने पचपन वर्ष पूर्व ही मेरी मनोभूमि पर

शुद्ध एवं परिनिष्ठित हिन्दी की

अचल 'आधारशिला' रखी....

श्रीः

सफल सकल अभियान : प्रासंगिक दोहे

डॉ. ओम् जोशी द्वारा विरचित तीन सौ एक प्रासंगिक दोहों का यह संग्रह विशेष **'सफल सकल अभियान'** उनकी अनेकानेक उत्कृष्ट रचनाओं की शृंखला में सहज भाव से प्रकल्पित विशेषतः प्रसादगुण सम्पन्न 'कृति' है, जो भारतीय संस्कृति एवं संस्कारों में निमग्न व्यक्तित्व के मौन, करुण क्रन्दन और कवि के 'अन्तर्मन' की वेदना की मार्मिक अभिव्यक्ति है। प्रस्तुत रचना वर्तमान के कटु यथार्थ एवं मधु आदर्श समन्वित परिवेश को उद्घाटित कर, किसी भी 'पाठक' को चिन्तन के लिए विवश सी कर देती है।

संस्कारशील कवि की, ज्ञान की देवी 'सरस्वती' के प्रति अगाध श्रद्धा और आस्था है, क्योंकि, वे ही 'गगन सम' उत्कृष्ट साहित्यिक आयाम की प्रेरणा एवं सामर्थ्य प्रदान करती हैं–

अनुपम देवी ज्ञान की, 'सरस्वती' अभिराम।
वे रचवातीं गगन सम, साहित्यिक आयाम।।

कविप्रवर डॉ. जोशी ने इस दोहा रचना में राजनीति से सम्बन्धित विविध परिदृश्यों की मार्मिक झलकियाँ प्रस्तुत करते हुए उन कटुताओं के मध्य जैसे देशभक्ति की मधुर अन्तःसलिलाएँ प्रवाहित करने का अत्यन्त मनोहारी प्रयास किया है –

करने देशविकास अब.., जन जन हों एकत्र ।
रचें सुखद परिवेश सब, मनमोहक सर्वत्र ।।

वस्तुतः, यह यथार्थ ही है कि हमें प्रतीत ही नहीं होता कि अपना देश अब.. स्वतन्त्र है, क्योंकि –

जन जन को कण्ठस्थ ना, लोकतन्त्र के मन्त्र।

कवि की हार्दिक अभिलाषा है –

सपनों का 'भारत' बने, अब.. अपना यह देश।

देश के राजनेता प्रायः प्रतिदिन एक दूसरे पर कीचड़ उछालते ही रहते हैं। कवि को भारतीय राजनीति की यह घोर दुखद प्रवृत्ति अत्यन्त विचलित और पीड़ित करती है –

तू तू, मैं मैं, नित्य ही, नेताओं में घोर।
अतिविचित्र वातावरण, भारत में चहुँ ओर।।

डॉ. जोशी ने अपने दृष्टिकोण से उक्त 'अतिविचित्र वातावरण' की अनेक विषम झलकियाँ, स्वार्थ, दंगे, देशद्रोह, हिंसा, षड्चन्त्र, प्रदर्शन, घृणा, लूट, धोखा, लालच, भ्रष्टाचार आदि पर पदे पदे कटाक्ष किया है। साथ ही वे समानान्तरतः भारतीय संस्कृति के शाश्वत मूल्यों का भी साथ साथ समुचित समर्थन करते हुए आशा एवं विजय का निरन्तर अद्भुत उद्घोष करते हैं। भारत के समस्त देशभक्तों के प्रति उनके मन में विशेष सम्मान है –
जनहित में नित निरत ही, 'देशभक्त' मतिमान ।
शासन रक्खे सर्वतः, उनका पूरा ध्यान।।

भारत के जननायकों से भी 'कवि' की यही अपेक्षा है –
प्रजा सुरक्षित ही रहे, ना हो तनिक उदास।
जननायक प्रतिदिन करें, ऐसे अथक प्रयास।।

देश का हृदय जीतना सर्वाधिक दुष्कर कार्य है। इसके सर्वसुखद परिणाम तो सदा समर्पण भाव से ही प्राप्त हो सकते

हैं। भारत का विश्व में ऊँचा नाम ही कवि को 'वरेण्य' है। अतः, कवि प्रेरणास्वरूप ऐसे ही दिव्य व्यक्तित्वों का सांकेतिक परिचय प्रस्तुत करता है –

ज्ञान, न्याय, सद्धर्म का, जिन्हें ज्ञात ही तत्त्व।
उनका, देश, समाज में, अद्भुत/दिव्य महत्त्व।।

किन्तु, इसके विपरीत जब 'कवि' अपने भारतवर्ष की वर्तमान विषम दशा को देखता है, तो उसे असह्य मार्मिक वेदना होती है –

क्या से क्या अब.. इन दिनों, अपना भारतवर्ष !
सुख हित जनता कर रही, ज्यों प्रतिदिन संघर्ष ।।

कवि की अभिलाषा यही है कि व्यक्ति निश्चिन्त हो, हृदय से काम करे और अपनी कर्मठता से 'प्रतिमानक आयाम' सृजित करे।

प्रस्तुत रचना में भारतीय संस्कृति के शाश्वत मूल्यों की प्रेरणा एवं प्रतिष्ठा यथास्थान सुलभ है और वह पाठकों को आह्लादित भी करती है । गुरुओं का हृदय से सम्मान ही 'कवि' को इष्ट है –

गुरुओं का आदर सहज, जो करते स्वयमेव।
निश्चित उन पर मुदित ही, महाविलक्षण देव।।

वृद्धजनों की उपेक्षा अन्ततः दुखदायक ही होती है, जबकि, वृद्धों को समुचित आदर देनेवाले और उपकारी सदैव 'देव' सम सम्मान पाते हैं। इसी प्रकार 'प्रेम' का महत्त्व दर्शाते हुए 'कवि' ने कहा है –

जिनको ज्ञात विशेषतः, 'प्रेम' शब्द का अर्थ।
स्वतः सफल वे सर्वतः, 'पण्डित' सर्वसमर्थ।।

इसी प्रकार प्रस्तुत **'सफल सकल अभियान'** की कुछ अन्य महत्त्वपूर्ण सम्प्रेरक सूक्तियाँ भी द्रष्टव्य हैं –

मानव सब कुछ त्याग दे, किन्तु, न त्यागे सत्य।
प्रीत बिना सम्भव नहीं, मानव का उद्धार।
पापों से मानव बचे, कर्म करे अनुकूल।

उपर्युक्त ऐसे 'बोधवाक्य' और प्रस्तुत रचना में विद्यमान ऐसी ही अन्य अनेक सूक्तियाँ दोहा परम्परा की प्रेरणादायक विशेषताओं से सम्बद्ध हैं।

कविप्रवर डॉ. जोशी वर्तमानकालिक पारिवारिक मर्यादा भंग की स्थिति से भी बहुत आहत हैं –

मर्यादाएँ भंग ज्यों, घोर दुखद यह बात।
मार रही सन्तान ही, मात/पिता को लात।।

इसके लिए तो माता/पिता भी दोषी हैं, इस तथ्य को नकारा नहीं जा सकता, झुठलाया नहीं जा सकता, क्योंकि, प्रत्येक सन्तान की प्रथम पाठशाला तो उसका परिवार ही है।

मात/पिता ना दे रहे, नैतिकता का ज्ञान।
अतः, युवा करते नहीं, वृद्धों का सम्मान।।

इन उपर्युक्त सन्दर्भों के अतिरिक्त प्रस्तुत दोहा संग्रह में अनेकानेक विविध सकारात्मक/नकारात्मक तथ्य, युवाओं की अध्ययन में अरुचि, कर्ण विभेदक संगीत में प्रवृत्ति, टूटते परिवार, पर्यावरण, नववर्ष के संकल्प, अभिवादन का अभाव, प्रतिभावान व्यक्तित्व, नारी सम्मान, ज्ञानचर्चा, त्योहार आदि की अतिसम्मोहक दृश्यात्मक झलकियाँ भी परिलक्षित हैं। इस दोहा संग्रह में विषयवस्तु के अनुरूप सहज बोधगम्य भाषा है। रचना का प्रवाह भी अतिमनमोहक है। कविवर डॉ. जोशी ने दोहा छन्द को हृदय से आत्मसात् कर हिन्दी भाषा के प्रति अपने विशिष्टातिविशिष्ट भावात्मक रुझान को दर्शाया है।

कवि का निम्नांकित छन्द भारत के भव्य और शाश्वत स्वरूप की स्मरणीय और अविस्मरणीय भावमय प्रतिष्ठा को इंगित करता है –

कहीं न पूरे विश्व में, भारत जैसा देश।
यहाँ व्याप्त सर्वत्र ही, सम्मोहक परिवेश।।

इति शुभम्

शुभेच्छु
डॉ. प्रभुलाल शर्मा
सेवानिवृत्त हिन्दी प्राध्यापक,
बाँसवाड़ा, राजस्थान

'शुभ दीपावली'
रविवार, २७ अक्तूबर २०१६

श्रीः

सफल सकल अभियान
(प्रासंगिक दोहे)

◼ ◼ ◼ ◼ ◼

कहीं न पूरे विश्व में, भारत जैसा देश।
यहाँ व्याप्त सर्वत्र ही, सम्मोहक परिवेश।।१।।

मनुज गँवाए ही नहीं, समय विलक्षण व्यर्थ।
जाने, अनुभव/ज्ञान से, जीवन का क्या अर्थ!।।२।।

करने देश विकास अब.., जन जन हो एकत्र।
रचें सुखद परिवेश सब, मनमोहक सर्वत्र।।३।।

जन्मभूमि के संग ही, जननी को सम्मान।
जो देते, उनका स्वतः, अति अद्भुत उत्थान।।४।।

लगता.. अब.. तक भी नहीं, अपना देश स्वतन्त्र।
जन जन को कण्ठस्थ ना, 'लोकतन्त्र' के मन्त्र।।५।।

जननायक जो, देश के, उन पर कुटिल प्रहार।
देशविरोधी कर रहे, 'यह तो अत्याचार'।।६।।

राजनीति में इन दिनों, सत्य बोलना पाप।
भोग रहे सज्जन/गुणी, नारकीय सन्ताप।।७।।

रहे धर्मसापेक्ष जो, प्रतिदिन रट हिन्दुत्व।
बने 'धर्मनिरपेक्ष' वे, निभा रहे शत्रुत्व।।८।।

सत्ता पाने रच रहे, 'नेतागण' षड्चन्त्र।
भूल चुके वे स्वार्थवश, 'प्रजातन्त्र' के मन्त्र।।९।।

बिना 'प्रीत' सम्भव नहीं, मानव का उद्धार।
सूना सूना प्रणय बिन, यह विचित्र संसार।।१०।।

मुझको अपने देश से, सर्वाधिक ही प्रेम।
कुछ 'नेता' ना चाहते, इसका मन से क्षेम।।११।।

सावधान/गतिमान रह, जो पा लेते ध्येय।
सकल विश्व में वस्तुतः, सुयश उन्हीं का गेय।।१२।।

'केवल वोटों के लिए, 'राष्ट्रवाद' पर चोट'।
नेता स्वयं चुनाव में, बहुत बाँटते नोट।।१३।।

अपना 'मध्यप्रदेश' अब.., मानो मद्यप्रदेश।
जो बिलकुल पीते नहीं, उन्हें मरण सम क्लेश।।१४।।

ज्ञानमग्न रहते सहज, जो 'ज्ञानी' दिनरात।
उनके ही मन में उदित, सुख का दिव्य प्रभात।।१५।।

जो थिरकाते सहज नित, अधरों पर मुसकान।
आकर्षित करते स्वयं, वे सबका ही ध्यान।।१६।।

निरपराध को कष्ट जो, देते ही अविराम।
निश्चित बाधित ही स्वतः, उनके सारे काम।।१७।।

नेता अपने स्वार्थ हित, लोगों को दिनरात।
बिलकुल भड़काएँ नहीं, निन्दनीय यह बात।।१८।।

अब.. दंगों की जाँच हित, बैठेंगे आयोग।
किन्तु, मिटेगा कब भला, नारकीय यह रोग?।।१६।।

अपने भारत में विकट, कुछ 'दल' इतने वाम।
ताल ठोंक वे कर रहे, देशद्रोह के काम।।२०।।

सपनों का 'भारत' बने, अब.. अपना यह देश।
कोई भोगे ही नहीं, घोर नरक सम क्लेश।।२१।।

दंगों से ही देश की, उच्च प्रतिष्ठा धूल।
सचमुच कोई ना करे, दंगे जैसी भूल।।२२।।

दिल्ली में भारी हुई, दंगों की बरसात।
खाई 'मानवता' स्वतः, दानवता से मात।।२३।।

अब.. जब दंगे हो चुके, घोर घोर विकराल।
इक दूजे पर 'दल' सभी, कीचड़ रहे उछाल।।२४।।

सदा सदा के ही लिए, अब.. दंगे हों बन्द।
भोगे भारत की प्रजा, स्वर्ग तुल्य आनन्द।।२५।।

कुछ 'नेता' ना जानते, क्या होते संस्कार ?
इसी विषय में वे करें, अब.. तो गहन विचार।।२६।।

पत्थरबाज़ी कर रहीं, महिलाएँ अविराम।
शोभा देते ही नहीं, उनको ऐसे काम।।२७।।

नेतागण अब.. तो रखें, निज 'भारत' की लाज।
निन्दनीय वे ना करें, सचमुच कोई काज।।२८।।

उच्च प्रतिष्ठा देश की, करने बिलकुल धूल।
गुण्डे सक्रिय नित्य ही, सर्वाधिक प्रतिकूल।।२९।।

हिंसा/दंगों से स्वतः, राष्ट्र सम्पदा नष्ट।
विरोधियों को ज्ञात ना, जन जन को क्या कष्ट!।।३०।।

भले जलें या भस्म हों, देशविरोधी तत्त्व।
भारत का अब.. विश्व में, सबसे अधिक महत्त्व।।३१।।

जिसने चिन्ता छोड़ दी, किए ध्यान से काम।
उसके कुल का, देश का, नभ सम ऊँचा नाम।।३२।।

जिसने मन वश में रखा, लगा 'योग' अनुकूल।
मिटने ही उसके क्रमिक, तन/मन के सब शूल।।३३।।

पाना आजीवन जिन्हें, स्वर्ग तुल्य आनन्द।
नहीं करें वे असुर सम, कभी किसी से द्वन्द्व।।३४।।

गुरुओं का आदर सहज, जो करते स्वयमेव।
निश्चित उन पर मुदित ही, महाविलक्षण देव।।३५।।

देशविरोधी लग रहे, नारे अतिविपरीत।
जन जन को इनसे स्वतः, कष्ट कल्पनातीत।।३६।।

महादुष्ट 'जयचन्द' कुछ, नित्य विषवचन बोल।
भारत के परिवेश में, ज़हर रहे अब.. घोल।।३७।।

सरे आम फाँसी नहीं, अब.. जब तक तत्काल।
ना रुकने अपराध ही, घोर घोर विकराल।।३८।।

फैलाने आतंक ही, 'पाक' नीच घनघोर।
विरच रहा षड्यन्त्र नित, उसके मन में चोर।।३९।।

भीषण 'दुष्ट' स्वभावतः, नित करते उत्पात।
नहीं मानते वे विकट, कभी किसी की बात।।४०।।

करने केवल विषवमन, कुछ 'नेता' उत्पन्न।
उनको दुख इस बात का, भारत बहुत प्रसन्न।।४१।।

जो पापी भीषण कुटिल, जिनका हृदय अशुद्ध।
वे ही 'नेता' बन रहे, सबसे अधिक प्रबुद्ध।।४२।।

नित्य प्रजा को बरगला, कुछ 'नेता' विकराल।
सचमुच अस्थिर कर रहे, भारत देश विशाल।।४३।।

कारण घोर अनर्थ का, बहुत अधिक ही अर्थ।
मानव अपव्यय ना करे, कभी अर्थ का व्यर्थ।।४४।।

मनुज हृदय निज ना रखे, दाँवपेंच घनघोर।
करें नित्य उपकार ही, रह वह भावविभोर।।४५।।

मनोयोग से ही करें, 'नेता' ऐसे काम।
भारत का हो विश्व में, सबसे ऊँचा नाम।।४६।।

समुचित 'निर्णय' ले रही, आए दिन सरकार।
किन्तु, कुटिल 'नेता' विकट, विचलित बारम्बार।।४७।।

जिनको ज्ञात विशेषतः, 'प्रेम' शब्द का अर्थ।
स्वतः सफल वे सर्वतः, 'पण्डित' सर्वसमर्थ।।४८।।

घोर अराजकता विकट, उथल पुथल विपरीत।
जनता प्रतिदिन पा रही, कष्ट कल्पनातीत।।४९।।

जन जन के मन में बसे, दिव्य 'राम' के प्राण।
अब.. निश्चित ही भव्यतम, मन्दिर का निर्माण।।५०।।

मन्दिर के निर्माण का, अनुपम कर्म पुनीत।
किन्तु, विरोधी दे रहे, प्रतिक्रिया विपरीत।।५१।।

हैं सबके 'आराध्य' ही, दिव्य 'राम' भगवान।
उनका मन्दिर 'अवध' में, बनना विशद/महान।।५२।।

भव्य राम मन्दिर स्वतः, रच देगा इतिहास।
जन जन के होंगे सफल, अद्भुत/अथक प्रयास।।५३।।

ज्ञान/न्याय/सद्धर्म की, बातें बिलकुल व्यर्थ।
सर्वोपरि ही विश्व में, अब.. तो केवल अर्थ।।५४।।

उन्नति से ही देश की, कुछ 'नेता' अविराम।
अब.. प्रतिदिन जलभुन रहे, उन्हें नहीं कुछ काम।।५५।।

हृदय जीतना देश का, सबसे दुष्कर काम।
सदा समर्पण भाव से, सर्वसुखद परिणाम।।५६।।

अपनों को ना दे मनुज, व्यर्थ नरक सम कष्ट।
स्वर्णिम जीवन वह स्वयं, कभी ना करे नष्ट।।५७।।

जो बिलकुल ना मानते, वृद्धजनों की बात।
वे खाते ही सत्यतः, निज जीवन में मात।।५८।।

जिनके मन में ना तनिक, 'देशभक्ति' के भाव।
जन जन को वे दे रहे, भीषण घोर तनाव।।५९।।

रोज़ बाग़ 'शाहीन' में, चैन सभी का छीन।
की थी नीच 'विपक्ष' ने, भारत की तौहीन।।६०।।

नेता 'सत्ता' हेतु ही, विरच रहें षड्यन्त्र।
घोर प्रभावित देश के, जीवन का ही तन्त्र।।६१।।

खेल रहे ही देश से, बहुत भयानक खेल।
ऐसे दुष्टों को त्वरित, 'शासन' भेजे जेल।।६२।।

उन्नति भारत देश की, सुखद कल्पनातीत।
कुछ 'नेता' ना सह रहे, उनकी मति विपरीत।।६३।।

पदे पदे ही देश में, ज्यों अगणित संघर्ष।
ऐसे में सम्भव कहाँ, आकाशी उत्कर्ष?।।६४।।

जो पीड़ित, उनको मिले, उचित समय पर न्याय।
सब दुष्टों को मारने, 'शासन' करे उपाय।।६५।।

ज्ञान/न्याय/सद्धर्म का, जिन्हें ज्ञात ही तत्त्व।
उनका देश/समाज में, अद्भुत/दिव्य महत्त्व।।६६।।

जो सबका हित सोचते, व्यर्थ न देते ज्ञान।
वे उपकारी 'देव' सम, पाते ही सम्मान।।६७।।

अनुपम देवी ज्ञान की, 'सरस्वती' अभिराम।
वे रचवातीं गगन सम, साहित्यिक आयाम।।६८।।

उगल रहे कुछ 'दल' विकट, सम्प्रदाय की आग।
लगता.. उनको देश से, तनिक नहीं अनुराग।।६९।।

देशहितों का तनिक ना, जिन्हें विलक्षण बोध।
वे, 'शासन' का कर रहे, प्रतिदिन व्यर्थ विरोध।।७०।।

प्रजा सुरक्षित ही रहे, ना हो कभी उदास।
जननायक प्रतिदिन करें, ऐसे अथक प्रयास।।७१।।

सी.ए.ए. पर विकटतम, अब.. 'दंगल' अविराम।
किन्तु, 'देश' के पक्ष में, आने हैं परिणाम।।७२।।

तू तू, मैं मैं नित्य ही, नेताओं में घोर।
अतिविचित्र वातावरण, भारत में चहुँ ओर।।७३।।

न्यायालय में पटकनी, खाया 'कुटिल' विपक्ष।
यह 'शासन' की ही विजय, सुखदायक प्रत्यक्ष।।७४।।

करते व्यर्थ विशेष जो, भीषण घोर घमण्ड।
वे 'पाखण्डी' समय पर, पाते कष्ट प्रचण्ड।।७५।।

प्रज्ञों का जिस 'क्षेत्र' में, नहीं उचित सम्मान।
भाँति भाँति के ही वहाँ, नारकीय व्यवधान।।७६।।

कुछ नेताओं के विकट, अतिविचित्र ही ठाट।
असमंजस में वे बहुत, थूक स्वयं का चाट।।७७।।

भाड़े के 'टट्टू' बुला, व्यर्थ प्रदर्शन घोर।
देशविरोधी कर रहे, भारत में सब ओर।।७८।।

जिस थाली में खा रहे, उसमें ही कर छेद।
देशविरोधी मुदित ही, यह जन जन को खेद।।७६।।

जनहित में जो निरत ही, 'देशभक्त' मतिमान।
शासन रक्खे सर्वतः, उनका पूरा ध्यान।।८०।।

कुछ 'नेता' इस देश के, भीषण दुष्ट महान।
स्वयं 'पाक' नापाक का, वे करते यशगान।।८१।।

दूषित ही वातावरण, अतिचिन्तित संसार।
क्या बँट पाएँगे कभी, प्रेमरूप उपहार?।।८२।।

शिक्षण संस्थाएँ कुटिल, बन्द करें तत्काल।
मारपीट जारी वहाँ, घोर घोर विकराल।।८३।।

भारत में जयचन्द सम, जो नेता 'गद्दार'।
मृत्युदण्ड उनको मिले, 'निर्णय' ले सरकार।।८४।।

कुछ शिक्षा संस्थान में, गहन अध्ययन ठप्प।
छात्र प्रदर्शन उग्र कर, मार रहे ही गप्प।।८५।।

उपद्रवों को 'मीडिया', प्रतिदिन व्यर्थ उछाल।
अतिविचित्र ही कर रहा, कर्म घोर विकराल।।८६।।

मिसाइलें नित विषभरी, दाग़ 'दुष्ट' कुछ देश।
नारकीय ही रच रहे, इस जग में परिवेश।।८७।।

स्वतः निरर्थक, 'देश' में, ज्ञान/ध्यान की बात।
नेता देने में मगन, इक दूजे को मात।।८८।।

देशहितों में कर रहे, जो जो 'नेता' काम।
वे ज्यों घोषित इन दिनों, राष्ट्रविरोधी वाम।।८९।।

युवा आज 'पथभ्रष्ट' ही, राजनीति विपरीत।
मात/पिता, सबको यही, कष्ट कल्पनातीत।।९०।।

भले बहुत ही देर से, फिर भी.. मिलता न्याय।
जिनका कोई भी नहीं, उनके 'राम' सहाय।।९१।।

नित्य सुबह से रात तक, व्यर्थ घोर उत्पात।
दुष्ट कभी करते नहीं, देशहितों की बात।।९२।।

छोड़ पढ़ाई उच्चतम, 'युवा' बहक अविराम।
ज्यों दिनभर ही कर रहे, देशविरोधी काम।।९३।।

नित्य उपद्रव कर रहे, गुण्डे पहन नकाब।
भारत की छवि विश्व में, उनसे बहुत ख़राब।।९४।।

उगे कुकुरमुत्ते जटिल, लघुतम ही द्रष्टव्य।
वे आतुर, दिखने त्वरित, 'कल्पवृक्ष' सम भव्य।।९५।।

छात्र संगठन लड़ रहे, आपस में दिनरात।
कौन करेगा, यह कहें, सहज प्रेम से बात!।।९६।।

उपद्रवी अब.. वस्तुतः, असुर तुल्य विकराल।
गुण्डागर्दी चरम पर, आहत देश विशाल।।६७।।

आज भयंकर आ चुका, विकट संक्रमण काल।
अहित देश का कर रहे, कुछ 'नेता' विकराल।।६८।।

सज्जन करते ही नहीं, कभी उपद्रव घोर।
वे, करने उपकार ही, प्रायः भावविभोर।।६६।।

मौत सौत ही बन चुकी, विचलित राजस्थान।
कौन रखेगा देश में, अब.. बच्चों का ध्यान?।।१००।।

शीतलहर ने कर दिए, स्वप्न धूप के ध्वस्त।
विकट/दुखद ठिठुरन बढ़ी, निर्धन भारी त्रस्त।।१०१।।

जन जन को लड़वा रहे, कुछ 'नेता' दिनरात।
भूल चुके वे द्वेषवश, अब.. 'जनहित' की बात।।१०२।।

अपनी ढपली बेसुरी, बजा 'स्वार्थ' की आज।
नहीं आ रही तनिक भी, नेताओं को लाज।।१०३।।

भारत में नित इन दिनों, देवासुर संग्राम।
पर, देवों के पक्ष में, आएँगे परिणाम।।१०४।।

बैठे ठाले कर रहे, छात्र प्रदर्शन व्यर्थ।
वे निश्चित जानें स्वयं, 'लोकतन्त्र' का अर्थ।।१०५।।

बिन सोचे समझे, विकट, 'आन्दोलन' विपरीत।
भोग रही विचलित प्रजा, कष्ट कल्पनातीत।।१०६।।

जो ना करते छल/कपट, कभी न रखते द्वेष।
उनका तो उत्कर्ष ही, स्वर्ग तुल्य अनिमेष।।१०७।।

हम हों, हर 'नववर्ष' में, संकल्पित अविराम।
शुभकर्मों से नित रचें, आकाशी आयाम।।१०८।।

शुभ शुभ हो स्वयमेव ही, आगामी नववर्ष।
स्वतः, कल्पनातीत हो, जन जन का उत्कर्ष।।१०९।।

मन्त्री पद पा ही चुका, ज्यों पूरा परिवार।
घुटने टेके चल रही, यह कैसी सरकार?।।११०।।

जो प्रतिपल निश्चिन्त रह, नित करते उपकार।
वे आनन्दित सर्वतः, मन से सदा उदार।।१११।।

किसी बात का ना करें, बहुत अधिक ही रंज।
कभी किसी पर ना कसें, हृदयविदारक तंज।।११२।।

उच्च प्रतिष्ठा ना करें, प्रायः बिलकुल धूल।
सचमुच, सब मन से रहें, अपनों के अनुकूल।।११३।।

मर्यादाएँ भंग ज्यों, घोर दुखद यह बात।
मार रही सन्तान ही, मात/पिता को लात।।११४।।

विकट 'सत्यता' का सतत, पीट रहे जो ढोल।
ज्ञानी जनता जानती, उनकी सारी पोल।।११५।।

देशविरोधी दे रहे, प्रतिदिन उलट बयान।
प्रजा तनिक भी दे नहीं, उन दुष्टों पर ध्यान।।११६।।

कुछ 'नेता' ना कर रहे, सत्य/न्याय की बात।
वे निज भारत देश से, विकट कर रहे घात।।११७।।

देशविरोधी तत्त्व जो, उन्हें समर्थन आज।
कलुषित 'नेता' दे रहे, त्याग प्रतिष्ठा/लाज।।११८।।

ज्ञान/सत्य/विश्वास का, ज्यों भारत में अन्त।
कुछ 'नेता' फैला रहे, ख़बरें दुखद/अनन्त।।११९।।

स्वार्थ हेतु कितने गिरे, 'नेता' कुटिल महान !
जन जन को इस तथ्य का, निश्चित सम्यक् ध्यान।।१२०।।

अनुशासन/श्रम/प्रेम भी, ज्ञान/दान/सत्कर्म।
लुप्त प्रायशः इन दिनों, सत्य/न्याय/सद्धर्म।।१२१।।

दंगाई निर्दय/कुटिल, 'सत्पथ' से ही भ्रष्ट।
आए दिन ही कर रहे, राष्ट्र सम्पदा नष्ट।।१२२।।

कितना कितना हो चुका, परिवर्तन विपरीत !
कुछ 'नेता' फैला रहे, घृणा कल्पनातीत।।१२३।।

सत्य/अहिंसा/प्रेम/श्रम/दया/धर्म सब लुप्त।
दुष्ट, शत्रु को दे रहे, नित्य सूचना गुप्त।।१२४।।

घोर घोर उत्पात अब.., करें छात्र सब बन्द।
पढ़ें/लिखें, मन से रचें, देश प्रगति के छन्द।।१२५।।

नेताओं का बल प्रबल, कुछ गुण्डों के पास।
उड़ा रहे वे देश का, ज्यों प्रतिदिन उपहास।।१२६।।

जो मानव सुख बाँटते, जीवन में अविराम।
उनको सम्भव ही नहीं, भीषण दुख अतिवाम।।१२७।।

ज्ञानतत्त्व का देश इस, अब.. नित घोर अभाव।
भोग रही जनता, अतः, प्रतिपल विकट तनाव।।१२८।।

क्या से क्या अब.. इन दिनों, अपना भारतवर्ष !
सुख हित जनता कर रही, ज्यों प्रतिदिन संघर्ष।।१२६।।

हिंसा का वातावरण, सभी ओर विपरीत।
नीच रोटियाँ सेंक नित, मुदित कल्पनातीत।।१३०।।

जो जो भी घुसपैठिए, उनको 'शासन' आर्य।
सीमा से बाहर करे, आज यही अनिवार्य।।१३१।।

आतंकी कर ही रहे, नित जबरन घुसपैठ।
मार रही सेना उन्हें, सीमाओं पर बैठ।।१३२।।

करने सर्वविनाश ही, रिपुओं का तत्काल।
सत्ता हो 'कटिबद्ध' अब, समझ उन्हीं की चाल।।१३३।।

जिस थाली में खा रहे, उसमें छेद विशेष।
उपद्रवी कर ही बहुत, आनन्दित अनिमेष।।१३४।।

कुछ 'नेता' कर अनवरत, भारत को बदनाम।
महानीच गुण्डों सहित, साध रहे निज काम।।१३५।।

निर्णायक/हितकर/सुखद, 'सत्ता' के जो काम।
उनको ही झुठला रहे, 'नेता' भीषण वाम।।१३६।।

राष्ट्र सम्पदा नष्ट कर, 'उपद्रवी' घनघोर।
असुरों से भी अधिक ही, मचा रहे नित शोर।।१३७।।

गुण्डों को दे ही रहे, 'नेता' हवा विशेष।
भारत में फैला रहे, वे भीषण विद्वेष।।१३८।।

हिंसा ही फैला बहुत, कुछ 'नेता' अतिनीच।
भोलेभाले बन रहे, स्वयं प्रजा के बीच।।१३६।।

प्रणय/अहिंसा/सत्य का, स्वतः सर्वतः लोप।
निज रिपुओं पर असुर सम, नेताओं का कोप।।१४०।।

हर 'प्रसंग' पर मढ़ त्वरित, शासन पर ही दोष।
देशविरोधी कर रहे, सर्प तुल्य ही रोष।।१४१।।

कितना भीषण, देश में, रचित कुटिल परिवेश !
देशविरोधी दे रहे, ज्यों 'जनता' को क्लेश।।१४२।।

हिंसा/हत्या/लूट ही, आए दिन विकराल।
शासन खींचे तुरत ही, हर 'दोषी' की खाल।।१४३।।

जितने 'नेता' दुष्टतम, उन पर अब.. विश्वास।
जनता बिलकुल ना करे, ना समझे उपहास।।१४४।।

राजनीति के फेर में, राष्ट्र सम्पदा नष्ट।
जन जन के मन वस्तुतः, यही नरक सम कष्ट।।१४५।।

युवकों को उकसा रहे, देशविरोधी घोर।
हिंसा का वातावरण, दुखदायक चहुँ ओर।।१४६।।

कुलपति पर ही आक्रमण, आए दिन विपरीत।
उन्हें सफलता ना कभी, जो ना गुणी/विनीत।।१४७।।

विरोधियों की इन दिनों, पौ बारह दिनरात।
वे मंचों से कर रहे, झूठी झूठी बात।।१४८।।

सीधे सच्चे बन सहज, 'नेता' कुटिल विशेष।
जन जन में फैला रहे, प्रतिदिन ही विद्वेष।।१४९।।

देशभक्त जो प्रबलतम, वे पाएँ सम्मान।
चले देश में अब.. यही, अति अद्भुत अभियान।।१५०।।

गले उतरती ही नहीं, आज 'ज्ञान' की बात।
लोग स्वार्थ में मग्न अब, दिन हो चाहे रात।।१५१।।

बिखर रहे हैं आजकल, प्रायः सब परिवार।
प्रणय शब्द ज्यों लुप्त ही, क्या विचित्र संसार!।।१५२।।

केवल अपने स्वार्थ हित, नहीं डुबोएँ देश।
ना विरचें 'जयचन्द' अब, नारकीय परिवेश।।१५३।।

जो 'सत्ता' का कर रहे, प्रतिदिन घोर विरोध।
वे भारी कलुषित/कुटिल, उन्हें तनिक ना बोध।।१५४।।

इक प्रणाम से वस्तुतः, अगणित ही परिणाम।
स्वतः बदलते ही त्वरित, तब.. जीवन अभिराम।।१५५।।

मात/पिता ना दे रहे, नैतिकता का ज्ञान।
अतः, 'युवा' करते नहीं, वृद्धों का सम्मान।।१५६।।

गूँज रहा सर्वत्र ज्यों, कनफोड़ू संगीत।
इससे रसिकों को विकट, कष्ट कल्पनातीत।।१५७।।

बोल रहे 'नेता' विकट, सचमुच बिना लगाम।
नहीं ले रहे वे कुटिल, इक पल भी विश्राम।।१५८।।

घोर सियासत देश में, हर 'प्रकरण' पर आज।
निन्दनीय ये वस्तुतः, नेताओं के काज।।१५९।।

ज्यों पाने 'संवेदना', पीड़ित घर तत्काल।
चतरे 'नेता' जा रहे, दे बयान विकराल।।१६०।।

दुर्घटनाएँ इन दिनों, भीषणतम, विकराल।
सक्रिय हो, 'शासन' करे, कुछ उपाय तत्काल।।१६१।।

'कब तक होंगे 'रेप' अब, उत्तर दे सरकार ?'
पूछ रही यह प्रश्न ही, जनता बारम्बार।।१६२।।

भारत का सौहार्द्र अब, करने नष्ट विशेष।
विरच रहे षड्चन्त्र ही, कुछ 'नेता' अनिमेष।।१६३।।

कौन, कहाँ, कितने कुटिल, कुछ 'नेता' कुख्यात !
उनकी कैसी दुष्टता ? यह जन जन को ज्ञात।।१६४।।

देश 'धर्मशाला' नहीं, जो चाहे सो आय।
मनमर्ज़ी से ही रहे, कुछ भी पीए, खाय।।१६५।।

दुराचरण से अनवरत, भीषण कष्ट अपार।
सदाचरण से वस्तुतः, जीवन कभी न भार।।१६६।।

छात्र प्रायशः कर चुके, पढ़ना/लिखना बन्द।
उपद्रवों में वस्तुतः, उन्हें घोर आनन्द।।१६७।।

ज्वलित चिता सम दुखद ही, चिन्ताएँ विपरीत।
इनसे मानव को स्वतः, कष्ट कल्पनातीत।।१६८।।

मनुज व्यवस्थित ही रखे, अपना घर संसार।
इससे निश्चित ही उसे, नित आनन्द अपार।।१६९।।

महिलाओं को ना जहाँ, समुचित ही सम्मान।
वहाँ नष्ट ही सर्वतः, जीवन की मुसकान।।१७०।।

बन्द जेल में जो 'कुटिल', वह फिर दल अध्यक्ष।
चमत्कार यह, देश इस, सबके नयन समक्ष।।१७१।।

आए दिन हर बात का, कर विरोध प्रत्यक्ष।
पता नहीं क्या चाहता, अब.. यह विकट विपक्ष?।।१७२।।

हर प्रसंग, हर विषय पर, प्रतिदिन ही अवसाद।
भूल चुके कपटी/छली, मधुर प्रणय संवाद।।१७३।।

कन्याओं पर कब तलक, होंगे अत्याचार ?
समुचित 'निर्णय' ले त्वरित, अब..तो यह सरकार।।१७४।।

स्वर्ग तुल्य 'कश्मीर' में, फिर.. करने उत्पात।
पाक बहुत बेचैन ही, अब.. खाएगा मात।।१७५।।

विमल सन्त सम ना, अगर, जीवन ही अनुकूल।
तो दुष्टों को भोगने, नरक तुल्य ही शूल।।१७६।।

जग में कोई ना करे, निज 'पद' का अभिमान।
कब आ जाएँ, ज्ञात ना, कण्टक सम व्यवधान!।।१७७।।

फूट डालने देश में, कुछ 'नेता' दिनरात।
यत्नशील कुत्सित बहुत, स्वयं खा रहे मात।।१७८।।

अपराधी निर्भय बहुत, 'भारत' में चहुँ ओर।
निश्चित मिलना चाहिए, उनको दण्ड कठोर।।१७९।।

पता नहीं क्यों इन दिनों, हत्याएँ दिनरात ?
क्या होगी इससे अधिक, अतिदुखदायक बात?।।१८०।।

राजनीति यह जा रही, पता नहीं किस ओर !
नेताओं के पतन का, कहीं न दिखता छोर।।१८१।।

इक दूजे पर अनवरत, विकट निशाने साध।
बोल रहे कुछ भी विकट, 'नेतागण' निर्बाध।।१८२।।

'सत्ता हथियाना त्वरित', अगर, यही हो ध्येय।
तो कुत्सित 'नेता' कभी, ना पा सकते श्रेय।।१८३।।

नेता लेने में 'शपथ', धन का अपव्यय घोर।
कितना कितना कर रहे, जन जन को झकझोर!।।१८४।।

नेता 'दलबदलू' हुए, त्याग मित्र का साथ।
घोर कलंकित 'हाथ' से, मिला रहे वे हाथ।।१८५।।

कुछ 'नेता' तो वस्तुतः, बिलकुल ही बेशर्म।
त्याग चुके सिद्धान्त वे, भूले नैतिक धर्म।।१८६।।

'आतंकी' इस शब्द का, ज्ञात न जिनको अर्थ।
बोल विवादित बोलते, वे ही 'नेता' व्यर्थ।।१८७।।

नैतिकता की, सत्य की, अर्थी स्वयं निकाल।
सत्तारोहण कर चुके, कुछ 'नेता' विकराल।।१८८।।

लेना ही ना चाहते, 'युवा' तनिक भी ज्ञान।
उपद्रवों में अनवरत, उनका पूरा ध्यान।।१८९।।

नेताओं का चरम पर, अब.. 'सत्ता' से लोभ।
सागर से भी अधिक ही, उनके मन विक्षोभ।।१९०।।

कुछ करते, कुछ बोलते, कुछ 'नेता' इस देश।
राष्ट्रविरोधी रच रहे, वे भीषण परिवेश।।१९१।।

नेताओं पर चढ़ चुका, राजनीति का रंग।
वे जनता के कर रहे, मन के सपने भंग।।१९२।।

धोखा/लालच/छल/कपट, नेताओं की रीत।
भोली जनता को स्वतः, कष्ट कल्पनातीत।।१९३।।

प्रतिदिन मेंढक तुल रहे, राजनीति में आज।
चकित चकित बोली प्रजा, *अतिविचित्र यह काज*।।१९४।।

नेतागण कर ही चुके, नैतिकता का त्याग।
अब.. तो उनका स्वार्थ से, सर्वोपरि अनुराग।।१९५।।

कितना कितना गिर चुके, नेतागण विपरीत !
राजनीति में दृश्य ये, दुखद कल्पनातीत।।१९६।।

सत्ताहित 'दंगल' प्रबल, जारी हैं दिनरात।
जो स्वारथ में लीन, वे, विकट खा रहे मात।।१९७।।

मात्र धर्म के नाम पर, विकट 'चोंचले' घोर।
प्रचलित आज समाज में, जिनका ओर न छोर।।१९८।।

'मानव सब कुछ त्याग दे, किन्तु, न त्यागे सत्य'।
नेता हृदयंगम करें, यही विलक्षण कथ्य।।१९९।।

तृण सम समझे ही नहीं, हमें 'पाक' नापाक।
उसे ज्ञात, इस देश की, जग में कितनी धाक?।।२००।।

क्रमशः निष्क्रिय इन दिनों, कलुषित पत्थरबाज़।
यह कैसे सम्भव स्वतः? ज्ञात सभी को राज़।।२०१।।

नेताओं का विकटतम, अतिविचित्र संसार।
वे रिपुओं पर कर रहे, नित्य वार पर वार।।२०२।।

जो अवैध ही नागरिक, उनको अब.. तत्काल।
यह 'शासन' बाहर करे, बुन नियमों के जाल।।२०३।।

अर्थी विद्या/ज्ञान की, अब.. कुछ 'छात्र' निकाल।
घोर उपद्रव कर रहे, बेजा बजा कर गाल।।२०४।।

महाराष्ट्र में अतिविकट, नाटकीय ही मोड़।
अब.. 'त्रिशंकु' सम ही स्वतः, सत्ता का गठजोड़।।२०५।।

राजनीति में इन दिनों, उठापटक घनघोर।
दुखदायक, भीषण विकट, हृदय रही झकझोर।।२०६।।

सत्ता में आना त्वरित, यही 'लक्ष्य' रख एक।
कुछ 'नेता' विक्षिप्त सम, खोए प्रखर विवेक।।२०७।।

साधु/सन्त कुछ कर चुके, 'लक्ष्मणरेखा' पार।
वे अब.. माया/मोह में, विचलित बारम्बार।।२०८।।

पाला बदले ही त्वरित, खो अपनी पहचान।
नेता 'सत्ता' हित विकल, गिरा उच्च सम्मान।।२०९।।

घोर प्रदूषण से सतत, जन जन का संघर्ष।
अतः, स्वस्थता का भला, कैसे हो उत्कर्ष!।।२१०।।

कितनी दूषित इन दिनों, राजनीति विपरीत!
रिपु आतुर मिलने गले, मन से नहीं पुनीत।।२११।।

नहीं गँवाते वस्तुतः, जो इक पल भी व्यर्थ।
उनको हृदयंगम स्वतः, इस जीवन का अर्थ।।२१२।।

कितना घातक/विकट ही, 'सत्ता' का यह लोभ!
नेताओं के मन बढ़ा, सागर सम विक्षोभ।।२१३।।

राजनीति करवा रही, कैसे कैसे काम ?
गले मिल रहे वे सहज, जो आपस में वाम।।२१४।।

घोर प्रदूषण बढ़ रहा, 'दिल्ली' में अविराम।
सचमुच ही विचलित वहाँ, जनता आठों याम।।२१५।।

गुड़ का गोबर कर रहे, कुछ 'नेता' प्रतिकूल।
क्या होगी इससे बड़ी, राजनीति में भूल?।।२१६।।

नेताओं में बढ़ रही, नित 'सत्ता' की प्यास।
उनके 'कृत्यों' से इन्हीं, जनता घोर उदास।।२१७।।

मित्र शत्रु अब.. प्रबलतम, शत्रु विलक्षण मित्र।
राजनीति यह इन दिनों, कितनी विकट/विचित्र!।।२१८।।

वचन/शपथ/राष्ट्रीयता, सत्य/धर्म सब व्यर्थ।
राजनीति में 'शीर्ष' पर, अब.. तो केवल अर्थ।।२१९।।

वर्षा थम ही ना रही, दुखदायक अविराम।
इससे बाधित वस्तुत:, अब.. सबके ही काम।।२२०।।

मिला रहे नेता 'चतुर', इक दूजे से हाथ।
पता न, कितने पल, मगर, रहना उनका साथ!।।२२१।।

मुश्टण्डे गुण्डे विकट, गाँव गाँव में आज।
मचा रहे उत्पात नित, उन्हें तनिक ना लाज।।२२२।।

करने भीषण दुष्टता, नित सक्रिय अतिदुष्ट।
निजी स्वार्थ हित वे सदा, चाहे जिस पर रुष्ट।।२२३।।

करने विश्वविनाश ही, अब.. सक्रिय कुछ देश।
पर, आग्रह, सब मिल रचें, सर्वसुखद परिवेश।।२२४।।

डाँट रहा 'कुतवाल' को, अब.. तो उलटा चोर।
कितनी दूषित इन दिनों, राजनीति घनघोर!।।२२५।।

घमासान, 'पद' हेतु ही, विकट जुबानी जंग।
है कितना भदरंग ही, यह 'सत्ता' का रंग!।।२२६।।

अपराधों की शृंखला, जारी है दिनरात।
गुण्डागर्दी चरम पर, प्रजा खा रही मात।।२२७।।

देशविरोधी चाहते, रिपुओं का उत्कर्ष।
कब तक झेलेगा उन्हें, अब.. निज भारतवर्ष?।।२२८।।

दुष्ट/छिछोरे/कुटिल जो, बाँट रहे वे ज्ञान।
बोल रहा सिर चढ़ विकट, नित उनका अभिमान।।२२६।।

देशधर्म का वस्तुतः, जिन्हें तनिक ना ज्ञान।
आप गहन चिन्तन करें, वे कितने मतिमान?।।२३०।।

सज्जन अतिशय पा रहे, दुष्टों से नित कष्ट।
ज्ञान/धर्म/सद्भावना, नैतिकता ज्यों नष्ट।।२३१।।

धनतेरस से दूज तक, दीपों का त्योहार।
मनता अति उत्साह से, सबको हर्ष अपार।।२३२।।

जो अशुद्धतम, वे स्वयं, अद्भुत स्वतः पवित्र।
राजनीति यह आज की, भीषण कुटिल / विचित्र।।२३३।।

गाँव गाँव में बढ़ रहा, गुण्डों का वर्चस्व।
केवल 'भ्रष्टाचार' ही, अब.. उनका सर्वस्व।।२३४।।

अवरोधों के बाद भी, जो मन सम गतिमान।
वे पा लेते 'लक्ष्य' निज, लाख रहें व्यवधान।।२३५।।

लूटो, खाओ 'देश' को, करता रहा विपक्ष।
वह, उसके परिणाम भी, भोग रहा प्रत्यक्ष।।२३६।।

देते ही जो सर्वदा, 'वर्तमान' को मान।
उनकी जग में सर्वतः, बड़ी अलग पहचान।।२३७।।

जो जो करते छल/कपट, अपनों के ही संग।
प्रबल 'समय' करता स्वतः, उनके सपने भंग।।२३८।।

जो करते स्वयमेव ही, केवल 'धन' से प्यार।
अधिक सुखी ना प्रायशः, उनका घर संसार।।२३६।।

पापों से 'मानव' बचे, करे कर्म अनुकूल।
नहीं चुभाए कष्ट के, कभी किसी को शूल।।२४०।।

सभी कैम्प 'आतंक' के, भारत कर दे नष्ट।
सेना के अब.. तो मिटें, बार बार के कष्ट।।२४१।।

भारत ने 'आतंक' पर, भीषण किया प्रहार।
पाक करारी हार भी, ना करता स्वीकार।।२४२।।

नैतिकता, संयम बिना, अद्भुत सुख अनुकूल।
आजीवन सम्भव नहीं, अपितु, हृदय में शूल।।२४३।।

नुसरत ने की 'चौथ' से, कट्टरता पर चोट।
पर, विरोध वे कर रहे, जिनके मन में खोट।।२४४।।

सावरकर सम प्रखरतम, देशभक्त जो 'वीर'।
उन पर भी आरोप क्यों, व्यर्थ, घोर गम्भीर?।।२४५।।

सावरकर तो वस्तुतः, 'देशभक्त' अभिराम।
देशविरोधी कर रहे, उनको ही बदनाम।।२४६।।

कुछ 'नेता' जयचन्द जो, वे, यह ले लें ज्ञान।
सर्वोपरि ही विश्व में, 'भारत' देश महान।।२४७।।

जो 'आतंकी' इन दिनों, पकड़े अतिविकराल।
सत्ता उनको दे स्वयं, मृत्युदण्ड तत्काल।।२४८।।

जिनकी दूषित सोच ही, जिनके कुटिल विचार।
निश्चित उनकी अन्ततः, घोर भयंकर हार।।२४९।।

जो, शासन का कर रहे, नित बिन बात विरोध।
देश प्रतिष्ठित विश्व में, उन्हें तनिक ना बोध।।२५०।।

सागर से भी अधिक अब, 'भारत' का उल्लास।
शासन प्रतिपल कर रहा, सबका सहज विकास।।२५१।।

भारत की उन्नति विशद, देख देख अविराम।
अतिविस्मित 'रिपु' अनवरत, विचलित आठों याम।।२५२।।

नित्य विकट 'घुसपैठ' ही, सीमा के इस पार।
शासन रिपुओं का करे, पुनः घोर संहार।।२५३।।

मर्यादाओं का स्वतः, घोर दुखद अब.. अन्त।
भोग रही प्रतिदिन प्रजा, भीषण कष्ट अनन्त।।२५४।।

होगा विकसित देश अब, यह सत्ता संकल्प।
प्रजा कभी भी ना करे, इसमें शंका अल्प।।२५५।।

अलग थलग पड़ ही चुका, अब.. आतंकिस्तान।
सकल विश्व में अनवरत, उसका ही अपमान।।२५६।।

आए दिन झड़पें विकट, नित खूनी संघर्ष।
ऐसे में सम्भव कहाँ, आकाशी उत्कर्ष?।।२५७।।

पाक दे रहा अनवरत, सीमा पर नित कष्ट।
अब.. कब होंगे सर्वतः, उसके सपने नष्ट?।।२५८।।

नित्य हो रहीं देश में, हत्याएँ दिनरात।
दानवता से खा रही, अब.. मानवता मात।।२५६।।

सहनशीलता नष्ट ज्यों, बढ़ा अहं का ज़ोर।
जारी है संघर्ष ही, अतः, विकट घनघोर।।२६०।।

मौसम करवट ले रहा, प्रतिदिन बहुत विचित्र।
गिरगिट सम बदरंग ही, इसका विकट चरित्र।।२६१।।

प्रतिदिन 'प्रेमप्रसंग' में, युवा दे रहे जान।
मात/पिता का ना उन्हें, लेशमात्र भी ध्यान।।२६२।।

भारत रक्षित सर्वतः, बड़े 'गर्व' की बात।
यदि, रिपु ने की चूँ चपड़, वह खाएगा मात।।२६३।।

भीषण घोर 'कपूत' ही, मात/पिता को मार।
पहुँच चुके ही जेल में, वे धरती पर भार।।२६४।।

तोड़ रहा है 'पाक' नित, अब.. तो युद्धविराम।
कब तक भोगेगी प्रजा, दुखद/विकट परिणाम?।।२६५।।

अहंकार का सर्वतः, बहुत अधिक विस्तार।
अतः, सभी को प्रायशः, भीषण कष्ट अपार।।२६६।।

पर्यावरण विनाश ज्यों, यत्र तत्र सर्वत्र।
इसके घोर विरोध में, जन जन हो एकत्र।।२६७।।

समाचार नित आ रहे, दुखद/विकट/प्रतिकूल।
भोग रही प्रतिदिन प्रजा, भाँति भाँति के शूल।।२६८।।

भारत में आ ही चुका, नव विमान राफेल।
यही कसेगा शत्रु पर, सबसे प्रबल नकेल।।२६९।।

आए दिन ही देश में, मारपीट विकराल।
नीच ईंट बरसा रहे, फूटे कुछ के भाल।।२७०।।

जो घर में करते नहीं, 'प्रणयमग्न' संवाद।
वे निश्चित ही भोगते, नारकीय अवसाद।।२७१।।

मात/पिता का अब.. नहीं, सन्तानों पर ध्यान।
अतः, घरों में अनवरत, पर्वत सम व्यवधान।।२७२।।

गोली मारी बाप को, माँ को डाला मार।
ऐसे नीच 'कपूत' को, बार बार धिक्कार।।२७३।।

जो जो हृदयंगम किए, सत्य/अहिंसा/प्रेम।
उनका निश्चित सर्वतः, आजीवन ही क्षेम।।२७४।।

गाँधीजी के नाम पर, राजनीति घनघोर।
कुछ 'नेता' नित कर रहे, मचा स्वार्थ का शोर।।२७५।।

दुर्घटनाएँ रोकने, सम्यक्/उचित उपाय।
अब.. शासन निश्चित करे, हो जन मन से न्याय।।२७६।।

पदयात्रा प्रारम्भ ही, 'गाँधीजी' के नाम।
स्वार्थसिद्धि के ही लिए, यह 'नाटक' अविराम।।२७७।।

आते पुनः चुनाव के, कुछ 'नेता' तत्काल।
स्वयं 'दलबदल' कर चुके, पाने पद के थाल।।२७८।।

भारत का इस विश्व में, सबसे अधिक महत्त्व।
यह 'गौरव' अनुभव करें, देशविरोधी तत्त्व।।२७९।।

दिशाहीन ही वस्तुतः, अब.. विपक्ष प्रत्यक्ष।
उसे दिख रहा स्वार्थ ही, अपने नयन समक्ष।।२८०।।

आतंकी नित कर रहे, असुर तुल्य उत्पात।
सेना सबको दे त्वरित, मरण तुल्य ही मात।।२८१।।

चिन्तित बिलकुल ना रहें, करें हृदय से काम।
कर्मठता से ही रचें, प्रतिमानक आयाम।।२८२।।

मानव, मानव ही रहे, जैसे स्वर्ण विशुद्ध।
काम एक भी ना करे, दूषित, धर्मविरुद्ध।।२८३।।

घूरे पर ही फेंक दें, चिन्ताएँ तत्काल।
तत्क्षण मिलने सुख स्वतः, अद्भुत, दिव्य, विशाल।।२८४।।

मनुज कभी भी ना रहे, घोर 'घमण्डी' व्यर्थ।
जीवन में इससे स्वतः, भारी विकट अनर्थ।।२८५।।

रह निश्चिन्त विशेष जो, करते अद्भुत कार्य।
स्वर्ग तुल्य सुख भोगते, वे ही 'मानव' आर्य।।२८६।।

सज्जन की दुर्गत बहुत, दुर्जन का सम्मान।
प्रज्ञों को नित दे रहे, अज्ञ भयंकर ज्ञान।।२८७।।

भारतीय अब.. मिल करें, ऐसे यत्न विशेष।
हो समाप्त ही देश से, कपट/कुटिलता/द्वेष।।२८८।।

सदाचार का जो 'पुरुष', करते पालन नित्य।
सदा प्रखर वे विश्व में, ज्यों नभ में आदित्य।।२८९।।

जो चर्चाएँ 'ज्ञान' की, करते प्रतिदिन रम्य।
उनका जीवन सर्वतः, रवि सम प्रखर/अदम्य।।२९०।।

जनहित में जो नित्यशः, करते अनुसन्धान।
वे पाते ही 'बुद्धि' से, सुखरूपी मुसकान।।२९१।।

भेदभाव जो ना कभी, रखते मन में घोर।
आनन्दित ही सर्वदा, वे 'नर' भावविभोर।।२९२।।

अब.. सब ऐसे ही करें, महाविलक्षण काम।
गरिमा 'भारतवर्ष' की, नभ सम हो अविराम।।२९३।।

जनहित में ऐसे करें, कर्म विलक्षण/भव्य।
जिनसे हो हस्तामलक, सबसे प्रिय गन्तव्य।।२९४।।

व्यर्थ किसी का ना करें, बिना बात अपमान।
सबके अधरों पर सहज, थिरकाएँ मुसकान।।२९५।।

करते पूजन 'कर्म' का, प्रतिदिन ही जो प्रज्ञ।
अश्वमेध सम सफलतम, उनका जीवन यज्ञ।।२९६।।

समय समय पर हृदय से, जो करते उपकार।
ईशकृपा से नित्यशः, सब सुख उन्हें अपार।।२९७।।

मात/पिता/गुरु/वृद्ध को, जो देते सम्मान।
वे करते ज्यों वस्तुतः, सुख सम अमृतपान।।२९८।।

इतना तो मानव रखे, अद्भुत/अनुपम बोध।
खड़े ना करे अन्य हित, वह भारी अवरोध।।२९९।।

आनन्दित रहते सदा, अद्भुत प्रतिभावान।
उनके अधरों पर सुखद, चन्द्र तुल्य मुसकान।।३००।।

नहीं भटकते 'लक्ष्य' से, जो अनुपम मतिमान।
निश्चित उनके समय पर, सफल सकल अभियान।।३०१।।